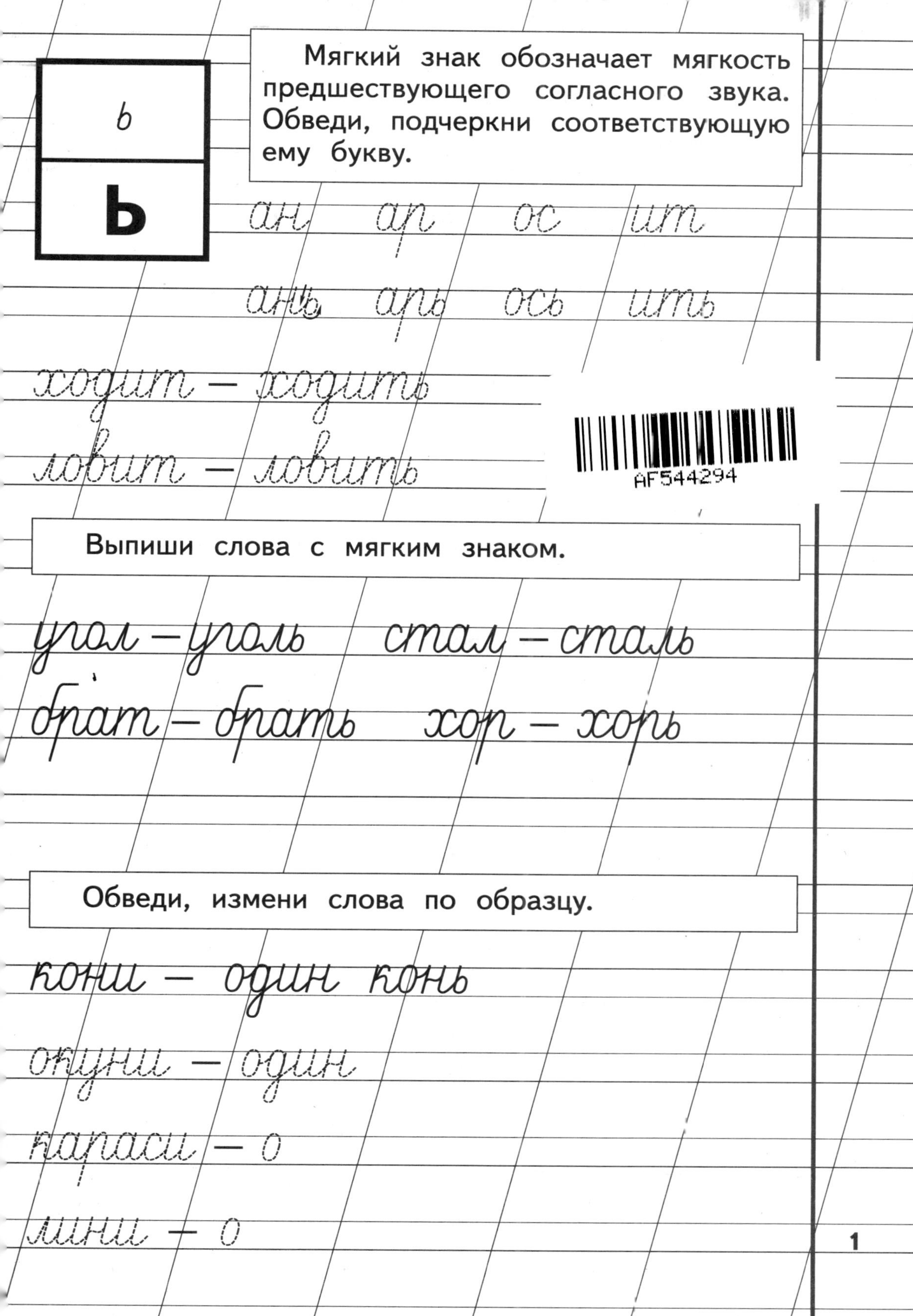

ь Ь

Мягкий знак обозначает мягкость предшествующего согласного звука. Обведи, подчеркни соответствующую ему букву.

ан ар ос ит

ань арь ось ить

ходит – ходить

ловит – ловить

AF544294

Выпиши слова с мягким знаком.

угол – уголь стал – сталь

брат – брать хор – хорь

Обведи, измени слова по образцу.

кони – один конь

окуни – один

караси – о

лини – о

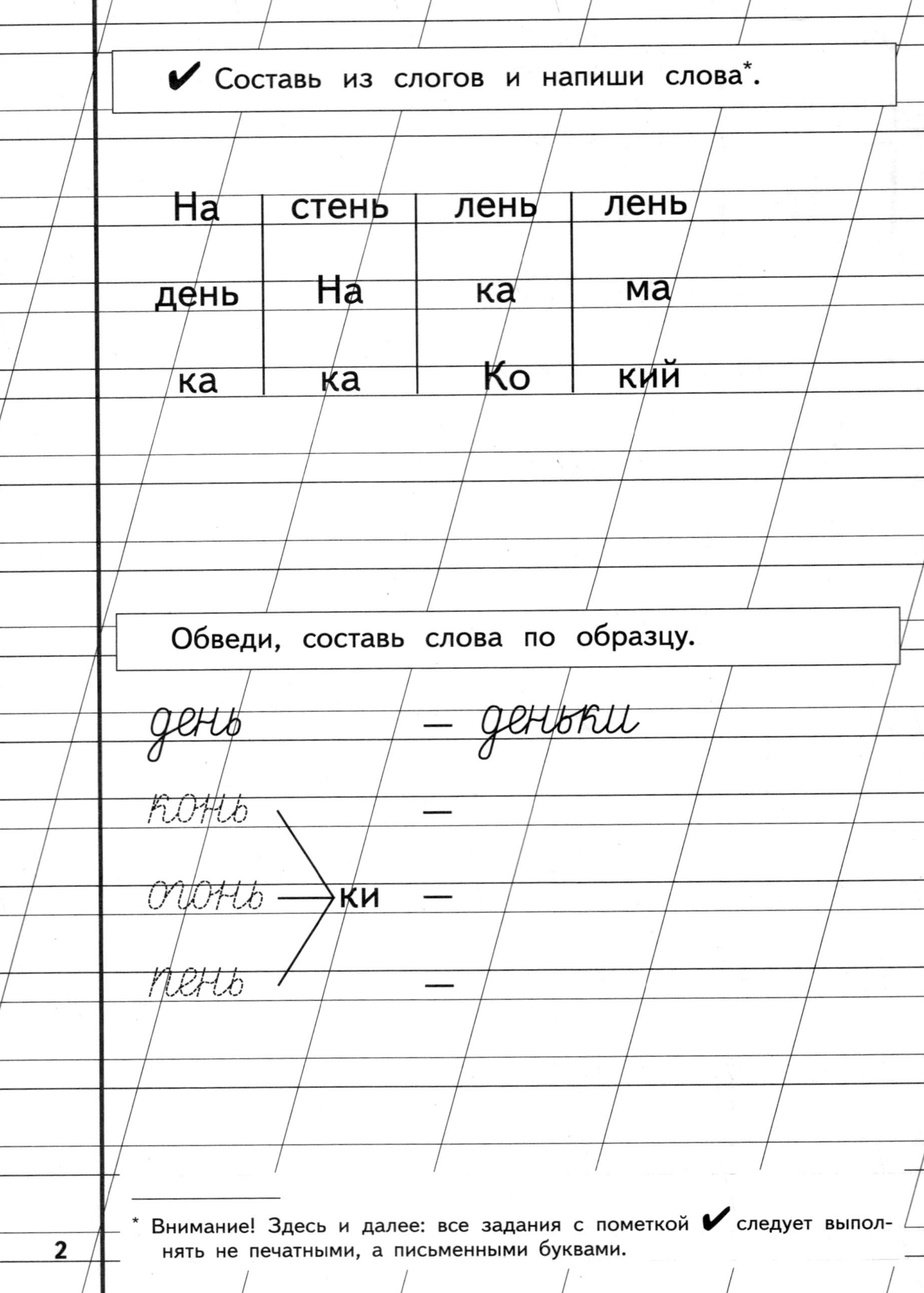

✔ Составь из слогов и напиши слова*.

На	стень	лень	лень
день	На	ка	ма
ка	ка	Ко	кий

Обведи, составь слова по образцу.

день — деньки

конь —

огонь — ки —

пень —

* Внимание! Здесь и далее: все задания с пометкой ✔ следует выполнять не печатными, а письменными буквами.

Спиши предложения, изменяя слова правого столбика.

Маша будет	поёт
Коленька будет	прыгает
Лена будет	бегает

Обведи, картинки замени словами, перепиши предложения.

На суку сидит .

На лугу гуляет .

Я я

Я я

Обведи.

Я Я Яша Яша я я

ягода красная

яма большая

Обведи слоги, скажи, в чём их различие, придумай с ними слова.

ма	на	са	ла	та
мя	ня	ся	ля	тя

Составь из слогов и напиши слова.

ко	у	ка	мо
та	та	тит	ся
тя	тя	ся	ет

Вставь пропущенные буквы, перепиши.

В лесу сто..ла дика..
..блон... Она была суха...

Обведи, напиши ответы, разбивая слова на слоги по образцу.

Ягода какая? Боль-ша-я.
Гриб какой?
Яблоко какое?
Сливы какие?

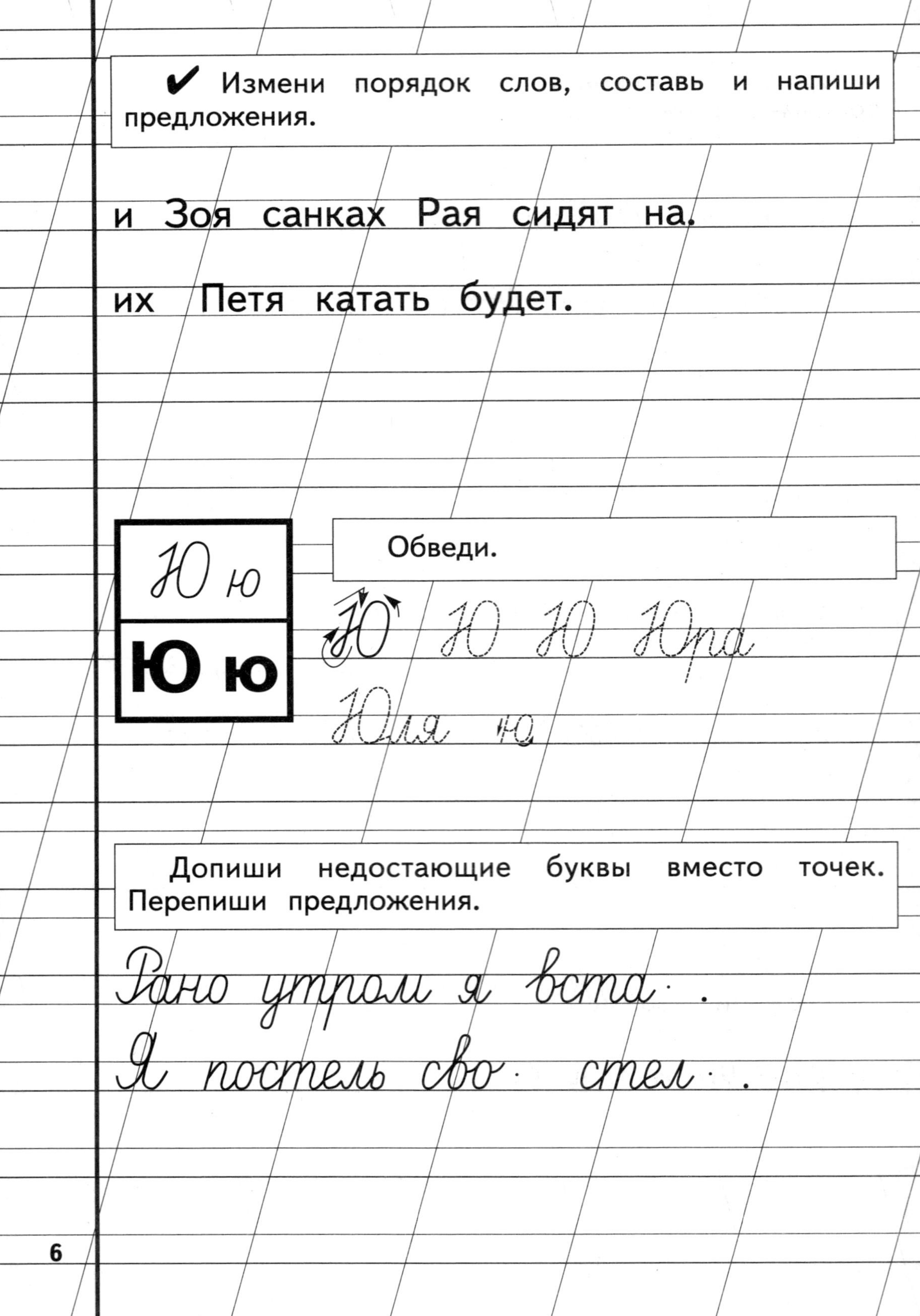

✔ Измени порядок слов, составь и напиши предложения.

и Зоя санках Рая сидят на.

их Петя катать будет.

Ю ю

Ю ю

Обведи.

Ю Ю Ю Юра

Юля ю

Допиши недостающие буквы вместо точек. Перепиши предложения.

Рано утром я вста· .

Я постель сво· стел· .

Обведи слоги, скажи, в чём их различие, придумай с ними слова.

му	клу	су	всу
мю	клю	сю	всю

Допиши недостающие буквы вместо точек. Перепиши предложения.

Дети гуля... Котята игра... Школьники рису...

✔ Измени порядок слов так, чтобы получилось предложение, запиши его.

Юра Юля и Москве по шагают.

Обведи, допиши, изменяя слова по образцу.

Они шагают – и я шагаю.

Они поют – и я

Они гуляют – и я

Они играют – и я

Ё ё

Ё ё

Обведи.

Ё Ё Ё Ё ё ё ё

ёжик ёлка

Кто рано встаёт, тому Бог даёт.

Перепиши предложения, вместо картинок вставь слова.

Ёжик спит под .

У ёжика на спине .

Спиши стишок и придумай устно к нему вопросы.

Лёва по лесу идёт
И грибы домой несёт.
В гости всех ребят зовёт.

ЭТО НАДО ЗНАТЬ! В русском языке один и тот же согласный звук может быть то твёрдым, то мягким.

Сравни

угол — уголь	был — бил	воз — вёз
брат — брать	лук — люк	бак — бяка

ЗАПОМНИ ПРАВИЛО: мягкость согласного обозначается на письме двумя способами: мягким знаком (конь, коньки) и смягчающими гласными *и, е, я, ю, ё* (мир, мех, мята, пюре, лён). Чтобы правильно произнести звук (твёрдо или мягко), обрати внимание на букву, которая стоит после той, что обозначает этот звук*.

Обведи, измени слова по образцу.

я иду — он идёт

я несу — он

я пою — он

я зову — он

* Не советуем на этом этапе предлагать детям «расщеплять» мягкие слоги на мягкий согласный + гласный (а, о, у, э).

Выпиши слова с мягкими согласными.

мак, мята, рёв, Рома, крёстный, крупа, крюк, сети, дым, Дима, миска, мышка, диктант, трудный

Слоги и слова для диктанта*.

сё, всё, лё, клён, тё, звё, звезда, звёзды, слеза, слёзы

* Тетрадь 2, примеч. на с. 2.

разделительный мягкий знак
ь

Произнеси все гласные звуки. Чем они отличаются от согласных? Сравни слоги и слова.

ля — лья лё — льё

ли — льи ди — дьи тя — тья

Коля — колья семя — семья

Запомни ПРАВИЛО: разделительный мягкий знак пишется перед буквами И, Е, Ё, Ю, Я и отделяет согласную от гласной: ***оладьи, перья.***

Обведи, допиши нужные окончания.

стуль·	*я*	*стулья*
крыль·	*ё*	
бель·	*и*	
воробь·		

Составь из слогов и напиши слова.

пе	ян	копь	га
рья	бурь	ё	вью

Вспомни, в каких словах буква **ь** обозначает мягкость согласного звука, приведи примеры (см. с. 1, 2), а в каких отделяет согласную букву от гласной. Как называется такой **ь**?

Выпиши слова с разделительным мягким знаком.

бельё, старьё, сколько, хорьки,

колосья, перья, бьёт, льёт, коньки,

пьёт, день

Подпиши картинки.

ли

бе

ру

во

Обведи, допиши по образцу.

пей – я пью – вы пьёте

шей – я – вы

лей – я – вы

бей – я – вы

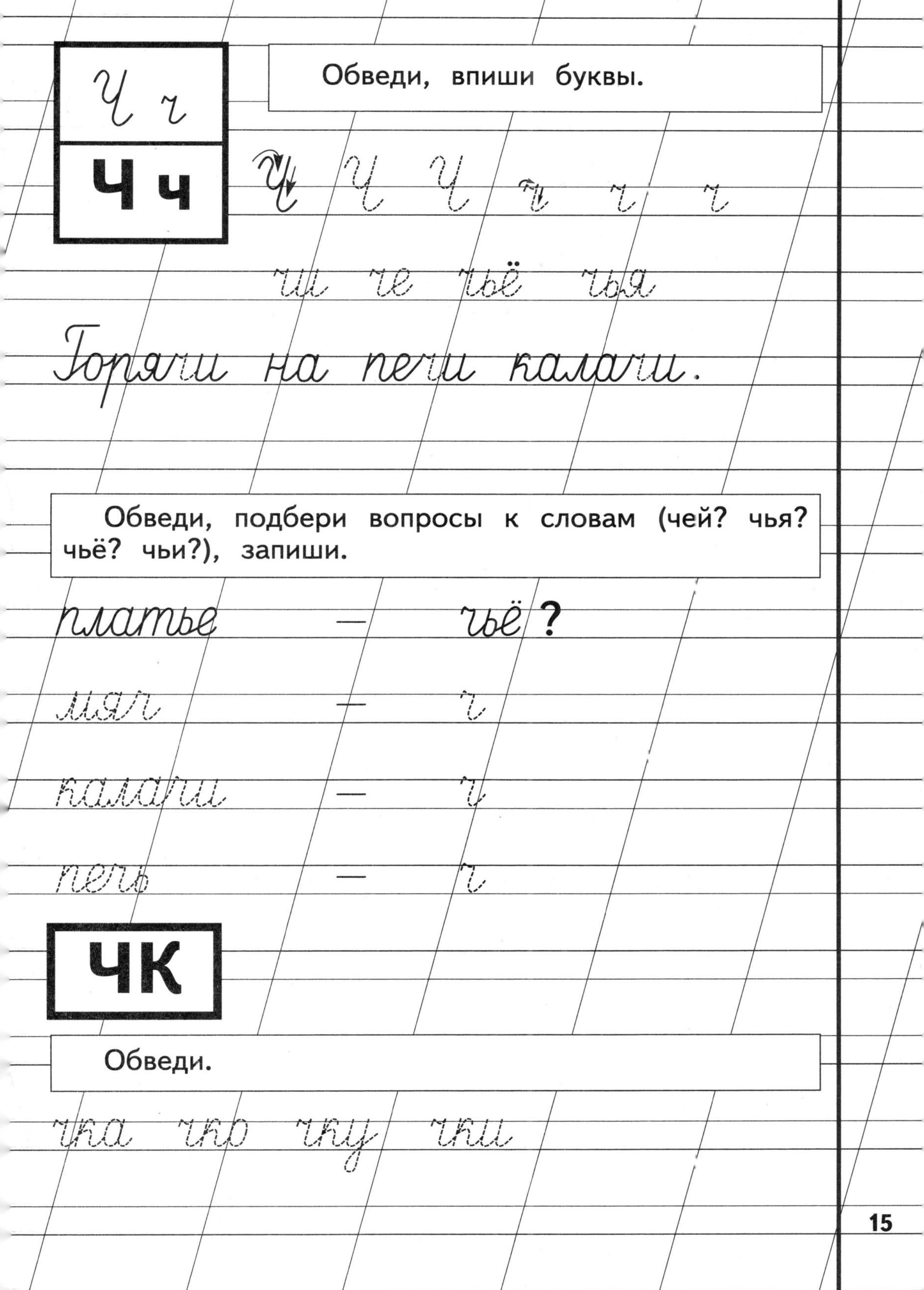

Ч ч

Обведи, впиши буквы.

Ч ч Ч ч Ч ч

чи че чьё чья

Горячи на печи калачи.

Обведи, подбери вопросы к словам (чей? чья? чьё? чьи?), запиши.

платье — чьё?

мяч — ч

калачи — ч

печь — ч

ЧК

Обведи.

чка чко чку чки

Обведи, составь слова и измени по образцу.

пе — печка

до —
чка
ре —

Подпиши картинки.

о б т п

Обведи, составь слова и измени по образцу.

вол — волчок

су —
чок
крю —

ЧН
НЧ

Обведи.

чна чно чну чни

нча нчо нчу нчи

Обведи, допиши по образцу.

закончи — я закончу —

мы з

начни — я начну —

мы н

✔ Перепиши и подчеркни чк, чн.

Дачник закинул в речку удочку.

Печник чистит печку.

Обведи. Выбери из слов *ветер, кирпич, кролик, песок* нужное и допиши по образцу.

река — речной песок

рука — ру

ночь — но

печь — пе

ЧА

✔ Составь из слогов и напиши слова.

ча	ча	ча	ча
шка	да	ту	сы

чашка

Обведи. Допиши слова по образцу.

Бельчата ворчат.

Вол ры

Зай мол

ЧУ

✔ Составь из слогов и напиши слова.

хо	чу	чу	кру
чу	вер	мол	чу

хочу

Перепиши загадку и отгадку, вставляя пропущенные буквы.

Кру. ., уры., завываю как
хоч. ! (В. юга)

Запомни правило: ЧА пиши с А, ЧУ пиши с У.

Ч — ТЬ (мягкий)

Перепиши, замени картинки словами.

У мамы горячий .

У папы тяжёлая .

Э э

Э э

Обведи, прочти, запомни.

Э Э э э э это эхо

Эхо — это отражение звука от предмета.

Перепиши.

Эхо бывает в лесу, в горах, в пустых залах.

Обведи и напиши по образцу части слов и слова.

по по поезд поезд

э электро

электропоезд

э эра

Перепиши.

Эрик водит электропоезда.

Ц ц

Ц ц

Обведи.

ц ц ц Ц Ц ц

ца цо цу ци цы

рица рицо рицы дицы

У кольца нет конца.

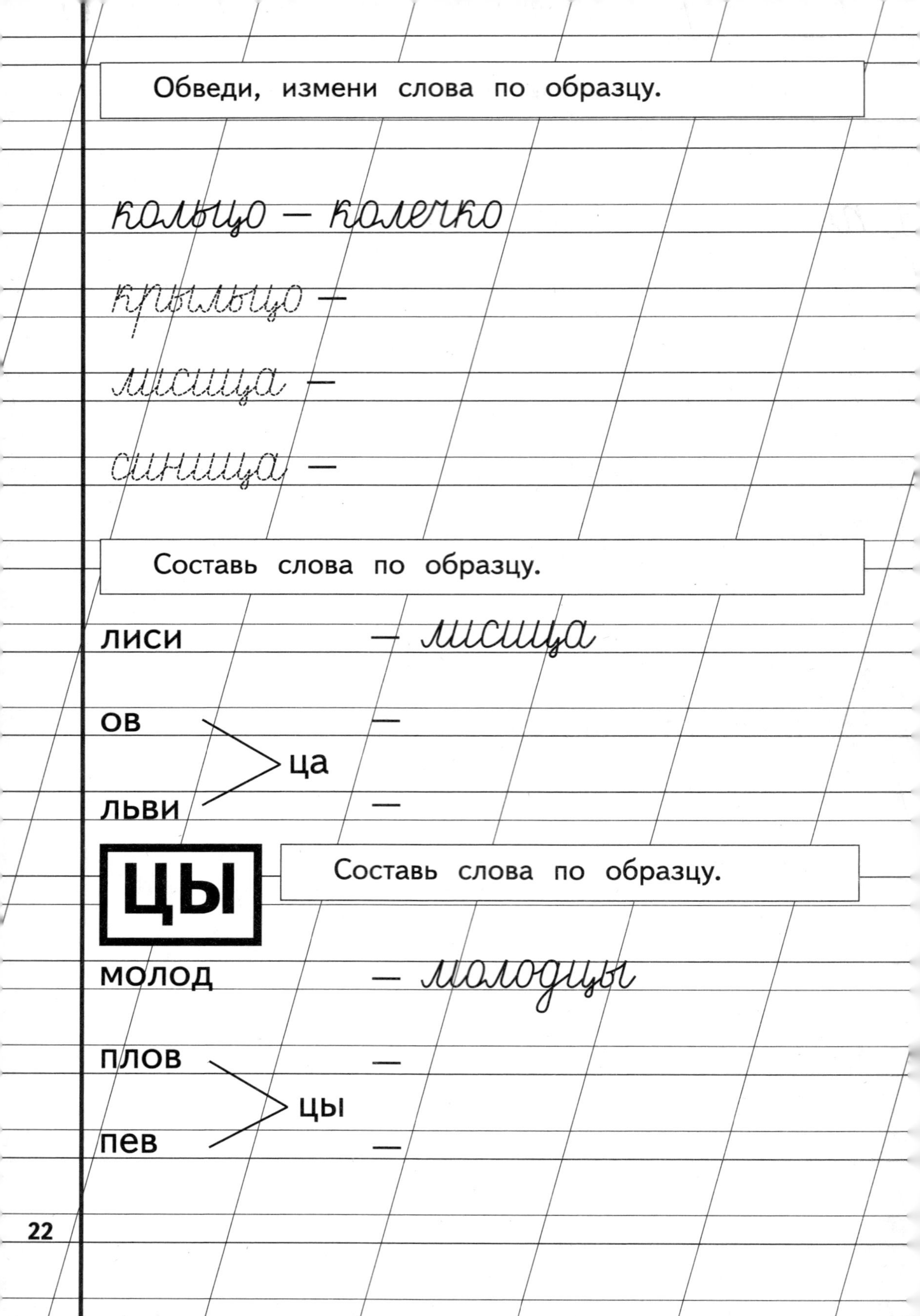

Обведи, измени слова по образцу.

кольцо — колечко

крыльцо —

лисица —

синица —

Составь слова по образцу.

лиси — лисица

ов — ца

льви — ца

ЦЫ

Составь слова по образцу.

молод — молодцы

плов — цы

пев — цы

Обведи, измени слова по образцу.

пел скворец – пели скворцы

плыл пловец –

жил-был молодец –

ЗАПОМНИ ПРАВИЛО: **после Ц пиши Ы в окончаниях слов** ***(концы, певцы и т.д.)*** **и в четырёх словах** ***(цыган, цыц, цыплёнок, на цыпочках)***. **В остальных словах после Ц пиши И.**

Обведи, вспомни другие слова с сочетанием букв *Ци*, напиши их.

цифры милиция позиция

К словам из левого столбика подбери слова из правого и напиши предложения.

Дети любят	акация
Весной цветёт	циркуль
Чертёжнику нужен	цирк

У кого какой хвост? Обведи и допиши по образцу.

У куницы хвост куницын.

У лисицы

У синицы

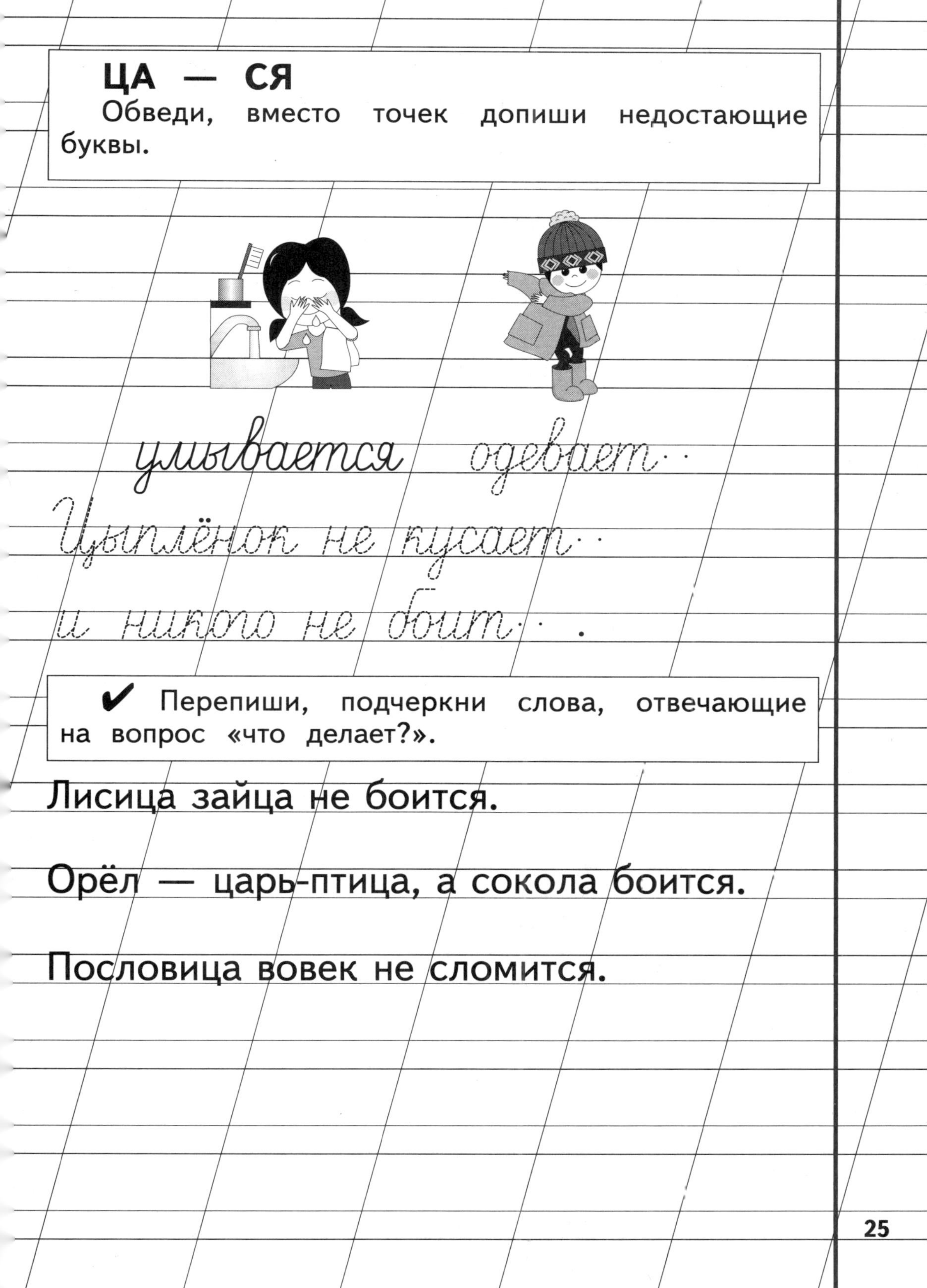

ЦА — СЯ

Обведи, вместо точек допиши недостающие буквы.

умывается одевает..

Цыплёнок не кусает..

и никого не бит.. .

✔ Перепиши, подчеркни слова, отвечающие на вопрос «что делает?».

Лисица зайца не боится.

Орёл — царь-птица, а сокола боится.

Пословица вовек не сломится.

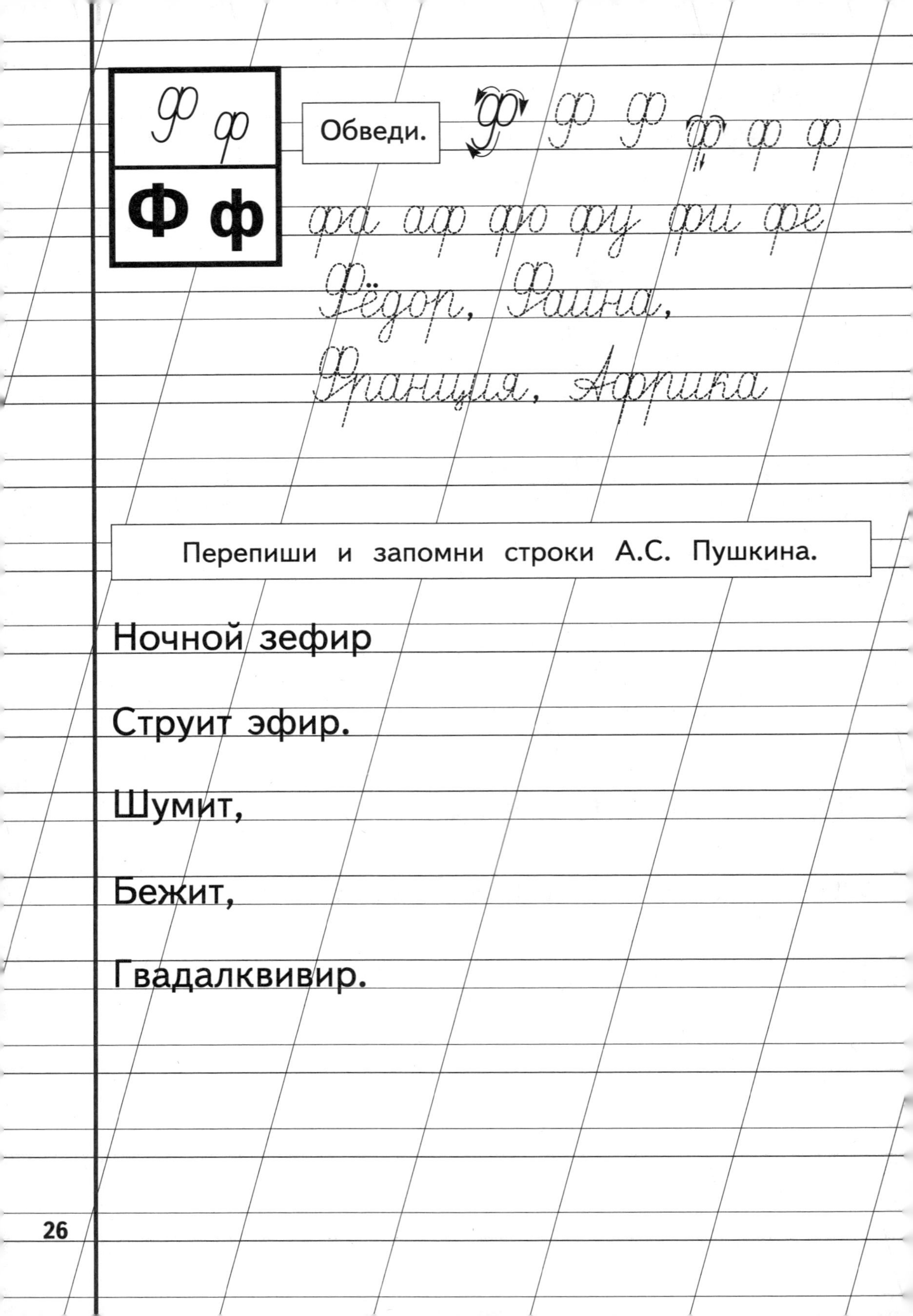

Ф ф

Обведи.

фа аф фо фу фи фе

Фёдор, Фаина,

Франция, Африка

Перепиши и запомни строки А.С. Пушкина.

Ночной зефир

Струит эфир.

Шумит,

Бежит,

Гвадалквивир.

Обведи.

Зефир — южный влажный ветер. Эфир — приятный запах. Гвадалквивир — река в Испании.

Составь из слогов и напиши слова.

зан	лин	кус
фа	фи	фо

Обведи, допиши слова и предложения.

У светофора три фонаря:

крас , жёл , зелё .

Перехожу на .

Остановлюсь на .

Подожду на .

В — Ф

Проверь, какой звук звонкий, какой — глухой. Какие ещё пары звонких—глухих ты знаешь?*

Обведи.

фа-ва фо-во фы-вы фу-ву

Вспомни, для чего нужно проверочное слово.

* Повторите с ребёнком правило правописания звонких и глухих согласных (см. Тетрадь 2, с. 41).

Спиши слова и устно придумай с ними предложения.

футбол волейбол

фонарь вратарь

Щ щ

Щ щ

Обведи.

щ щ щ щ

Щ Щ Щ щ щ

ща щу щи ще щё

щи нищи

Обведи и напиши ответ.

Глазищи, усищи, хвостище, когтищи, а моется всех чище. Кто это?

Составь из слогов и напиши слова.

кле	щеп	ки	кать
щи	ка	щё	щёл

Обведи, вставляя пропущенные буквы.

Ово · и свари — будут · и.

ЩА

Составь из слогов и напиши слова.

ща	ща	ча	вель
ро	гу	ща	ща

Обведи, вставляя пропущенные буквы.

Ты нас, мама, не и · и.

· авель и · ем мы на · и.

ЩУ

Составь из слогов и напиши слова.

щу	щу	щу	пи
ка	пу	та	щу

Вставь пропущенные буквы, перепиши.

Волки ры·ут — пи·у и·ут.

Запомни ПРАВИЛО: ЩА пиши с А, ЩУ пиши с У.

Обведи, вставляя пропущенные буквы.

упрощ·ть обещ·ть

прощ·ть восхищ·ть

Подбери к словам из первого столбика подходящие по смыслу слова из второго, составь предложения, перепиши.

На небе звёзды	*тащат*
В море волны	*блещут*
Рыбаки сети	*плещут*

Вставь пропущенные буквы, перепиши.

Щ..ку я тащ.. , тащ.. ,
щ..ку я не упущ.. .

Составь слова по образцу, напиши и объясни, чем занимаются эти люди.

мой — мойщик

носиль —

щик

настрой —

Щ — Ч

Обведи. Измени слова по образцу.

щенок — щеночек

щётка —

щепка —

стучи — я стучу

ищи — я

кричи — я

тащи — я

крути — я

Вставь пропущенные буквы.

рощ..   туч..   гущ..   дач..

Перепиши, заменив картинку словом.

Часто чищу платье .

Обведи.

ща-ча-ща   цапля   чаща

щу-чу-щу   чищу   щуку

Подбери к словам из первого столбика подходящие по смыслу слова из второго, составь и перепиши предложения.

Мальчик поймал	птенцы
В чаще рыщет	ящерицу
У грачей в гнезде	волчица

ЗАПОМНИ ПРАВИЛО: **в буквосочетаниях ЧК, ЧН, ЩН, НЩ мягкий знак между буквами не пишется.**

Перепиши слова, разделяя чёрточками на слоги.

кончить окончить закончить

ЩН
НЩ

Обведи, подчеркни буквосочетания щн, нщ.

каменщик помощник

хищник изящный

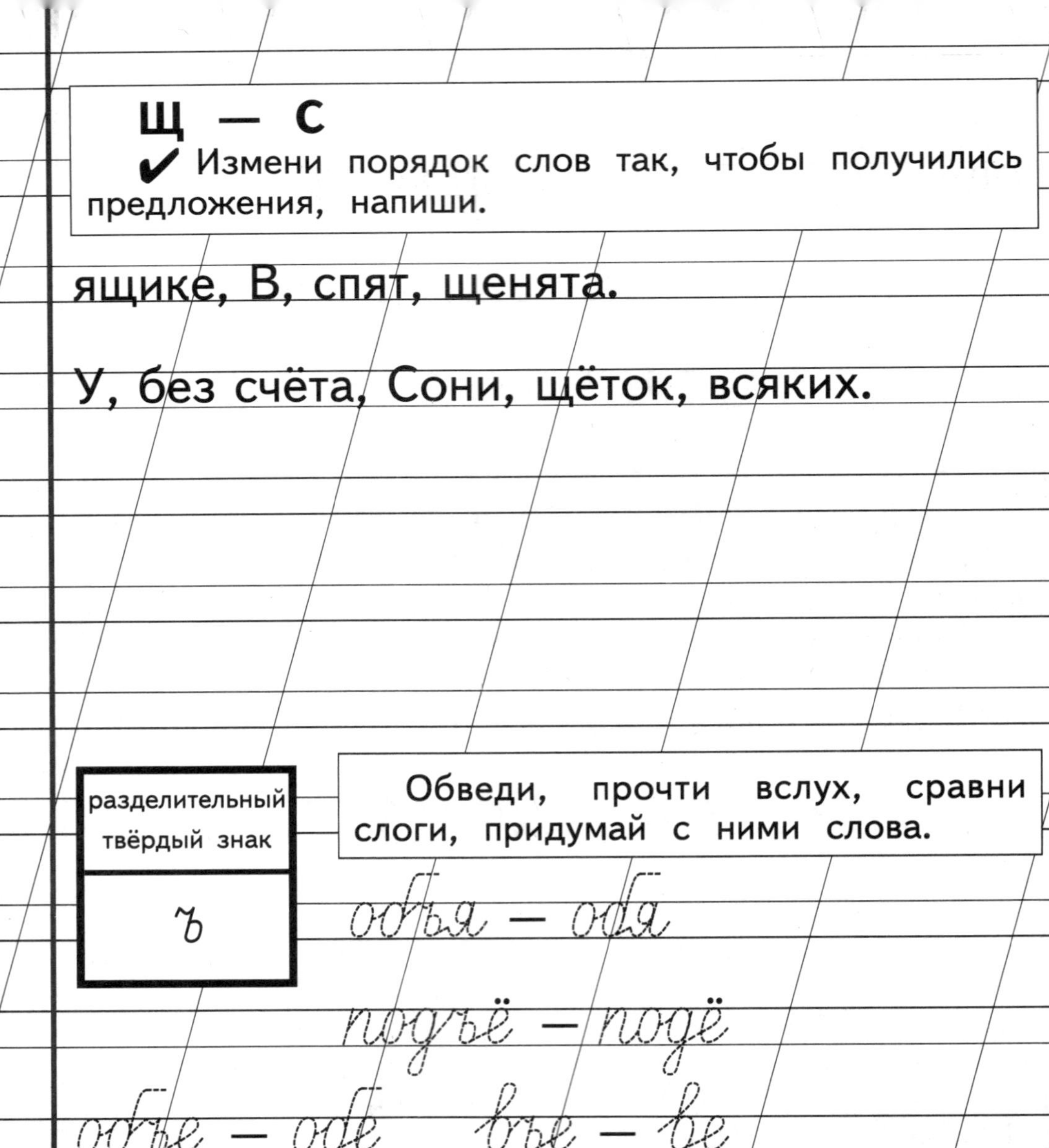

Щ — С

✔ Измени порядок слов так, чтобы получились предложения, напиши.

ящике, В, спят, щенята.

У, без счёта, Сони, щёток, всяких.

разделительный твёрдый знак

ъ

Обведи, прочти вслух, сравни слоги, придумай с ними слова.

объя — обя

подъё — подё

объе — обе   въе — ве

ЗАПОМНИ: разделительный твёрдый знак пишется после некоторых частей слова, окачивающихся на согласную, перед буквами Е, Ё, Ю, Я.

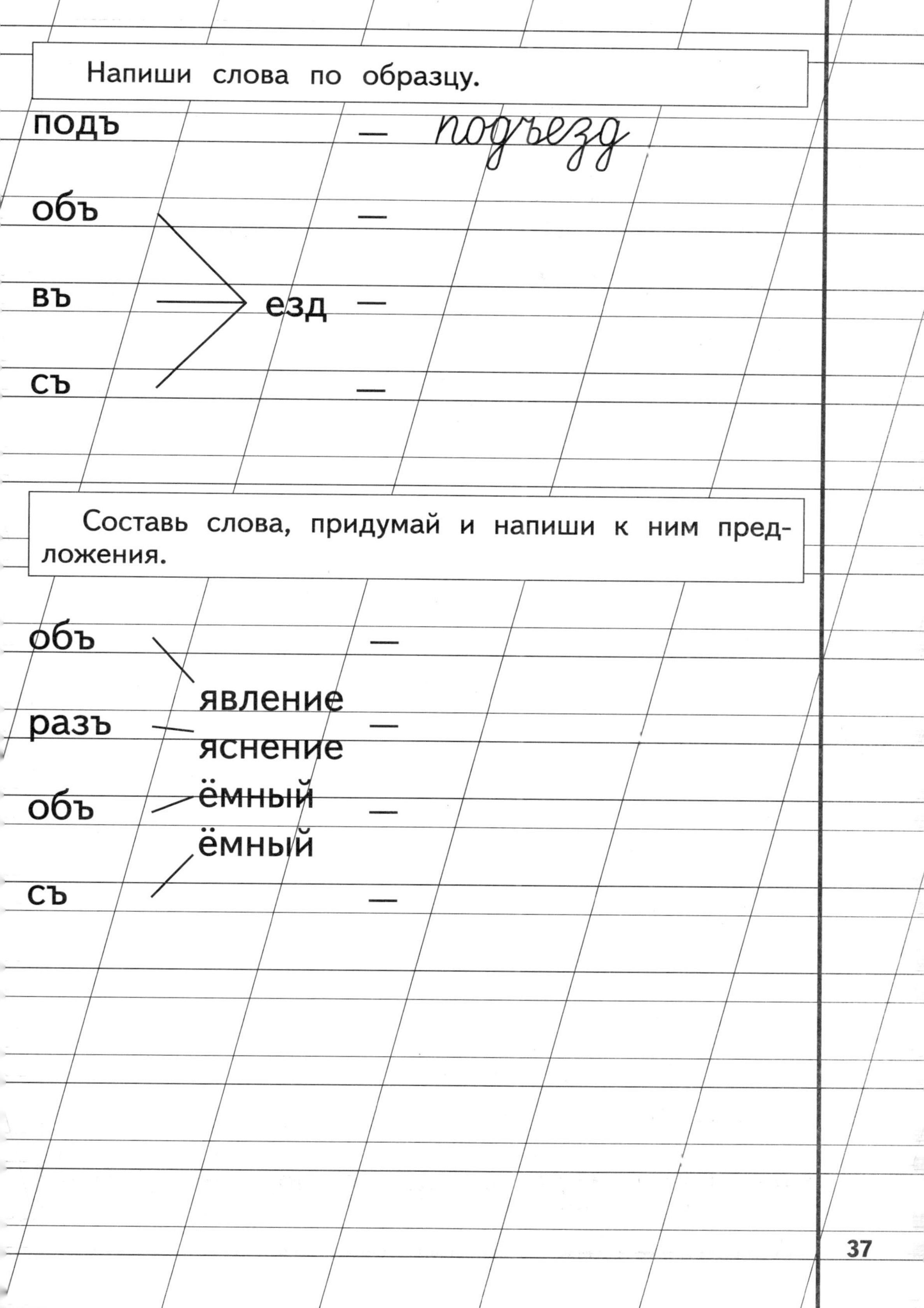

Напиши слова по образцу.

подъ — подъезд

объ —

въ — езд —

съ —

Составь слова, придумай и напиши к ним предложения.

объ — явление

разъ — яснение

объ — ёмный

съ — ёмный

Для диктанта*.

Я умею писать. Теперь я напишу письмо бабушке и объясню, что умею писать без ошибок.

* Желательно обучить ребёнка отвечать на вопросы по картинкам: «Что это?», «Что он (она) делает?». Затем записать эти ответы предложениями из трёх-четырёх слов.

ПЕРЕНОС СЛОВ

Если слово не умещается в строке, то часть его можно перенести на следующую строку.

ЗАПОМНИ ПРАВИЛА:

1. Переносить слова можно только цельными слогами, например: **желе-зо** или **же-лезо.**
2. Слова, состоящие из одного слога, не переносятся (конь, стол и т.п.).
3. Нельзя оставлять на строке или переносить на другую слоги, состоящие из одной буквы (о-сень, А-ня, пени-е и т.п.).
4. Если в слове две одинаковые буквы стоят рядом, то их надо разместить на разных строках, например: **Ан-на, деревян-ный, стеклян-ный.**
5. Буквы Й, Ь и Ъ на другую строку не переносят, например: **май-ка, подъ-езд, возь-ми.**

Разбей слова на слоги в соответствии с правилами переноса.

картина, объявление, научился,

коньки, выкройка

Вставь пропущенные буквы, перепиши текст. Если какое-то слово не уместится на строке, перенеси на следующую.

Мы сели за стол и с · ели весь пиро · . Кот Бус · ка, сидя под столом, об · елся пирогом.

УДАРЕНИЕ*

Ударение — это выделение силой голоса одного из слогов в слове. Выделенный слог называется ударным, а гласная, в него входящая, — ударной. В русском языке только тот звук произносится чётко и ярко, который обозначен ударной гласной, поэтому она пишется как слышится и произносится. На письме ударение обозначается особым значком: косой надстрочной чёрточкой: **нача́ло**, **нача́ть**.

* Прежде чем приступать к этому разделу, убедитесь, что ребёнок чётко разделяет понятия «слог» и «слово» (см. Тетрадь 1, с. 27).

Поставь в словах ударение. Устно назови ударные слоги.

кошка, машина, пальто, рубашка,

сапоги

Обведи, измени слова по образцу, обозначь ударную гласную.

сапоги́ — сапо́г

леса́ —

ре́ки —

со́сны —

страны́ —

сте́ны —

Устно. Сравни слова, объясни их значение, придумай с ними предложения.

замо́к — за́мок

сто́ит — стои́т

по́лки — полки́

хло́пок — хлопо́к

Спиши, обозначь ударение.

Дети, берегите наши леса!

Переходите улицу только на зелёный свет.

БЕЗУДАРНЫЕ ГЛАСНЫЕ

В русском языке безударные гласные произносятся не так чётко, как ударные, поэтому слова мы пишем не всегда так, как говорим. Например, слово **окно** мы произносим как «акно»; слово **весна** — как «висна».

Чтобы не ошибиться в написании безударной гласной, надо изменить слово (или подобрать похожее) так, чтобы безударная гласная оказалась под ударением. Например, в слове **вода** пишется «о», потому что есть слова **во́ды**, **во́дный**; написание слова **ходить** проверяем словом **ход**; **часы — час, цветной — цвет, весёлый — ве́село**.

ЗАПОМНИ ПРАВИЛО: безударную гласную проверяй ударной.

Обведи, вставь пропущенные буквы, подбирая проверочные слова.

	Проверочные слова
Р·ка Ока	
ш·рока.	
Вес·ло в ней	
б·жит в·да.	
По б·регам р·ки	
л·са и п·ля.	

По образцу подбери к названиям действий проверочные слова в один слог.

шагать — шаг	сорить —
пировать —	возить —
стонать —	кричать —

Обведи, вставь безударные гласные, проверяя словами с ударными гласными, расставь ударения.

река́ – ре́ки	ск·ла –
л·са –	с·сна –
г·ра –	зм·я –
ч·сы –	ст·на –

Для диктанта*.

* Можно использовать любые доступные тексты из «Букваря» Надежды Жуковой или короткие, в два-четыре слова, предложения. Учите ребёнка находить свои ошибки путём сравнения написанного им с напечатанным в книге.

Для диктанта.

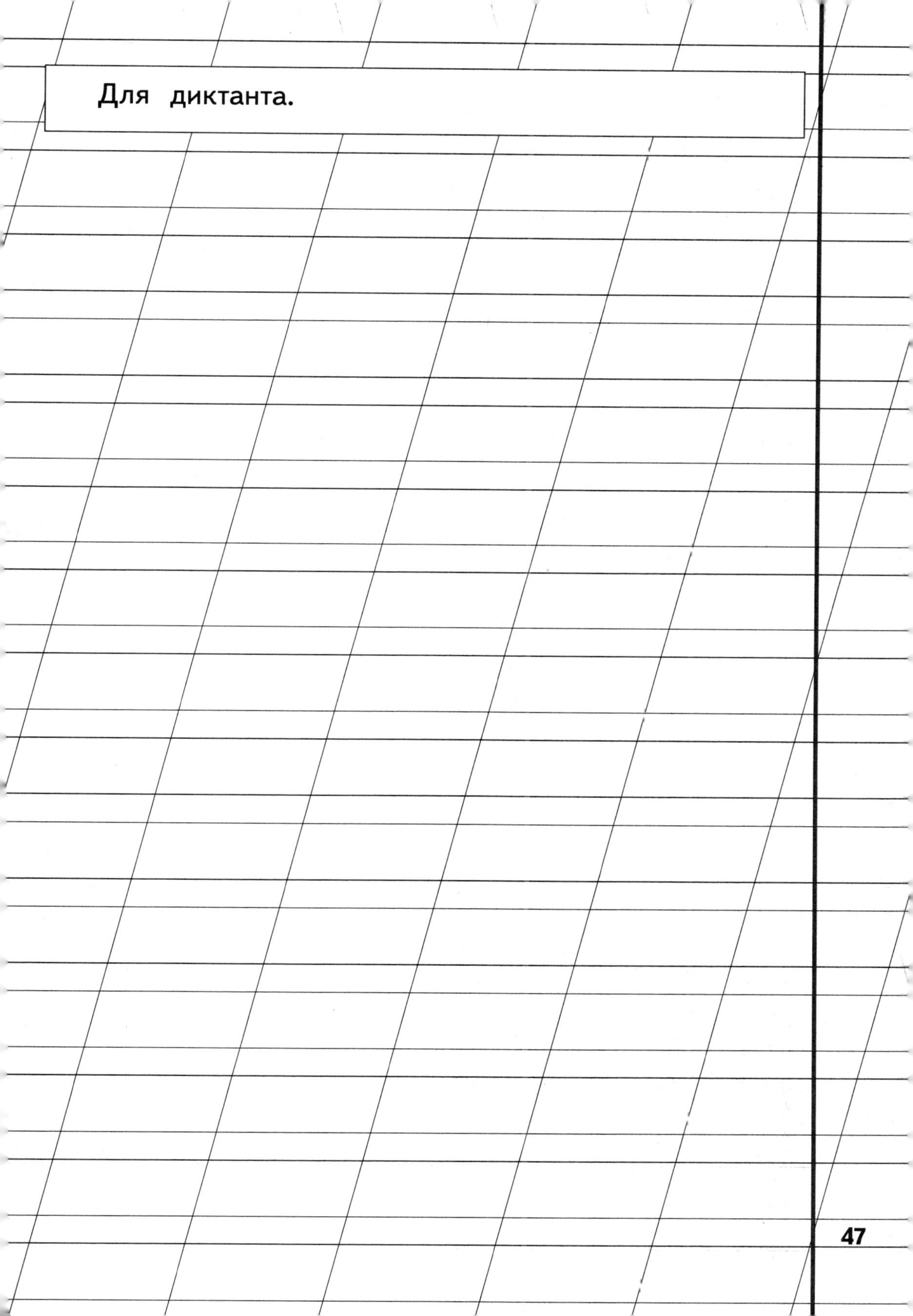

Для диктанта.

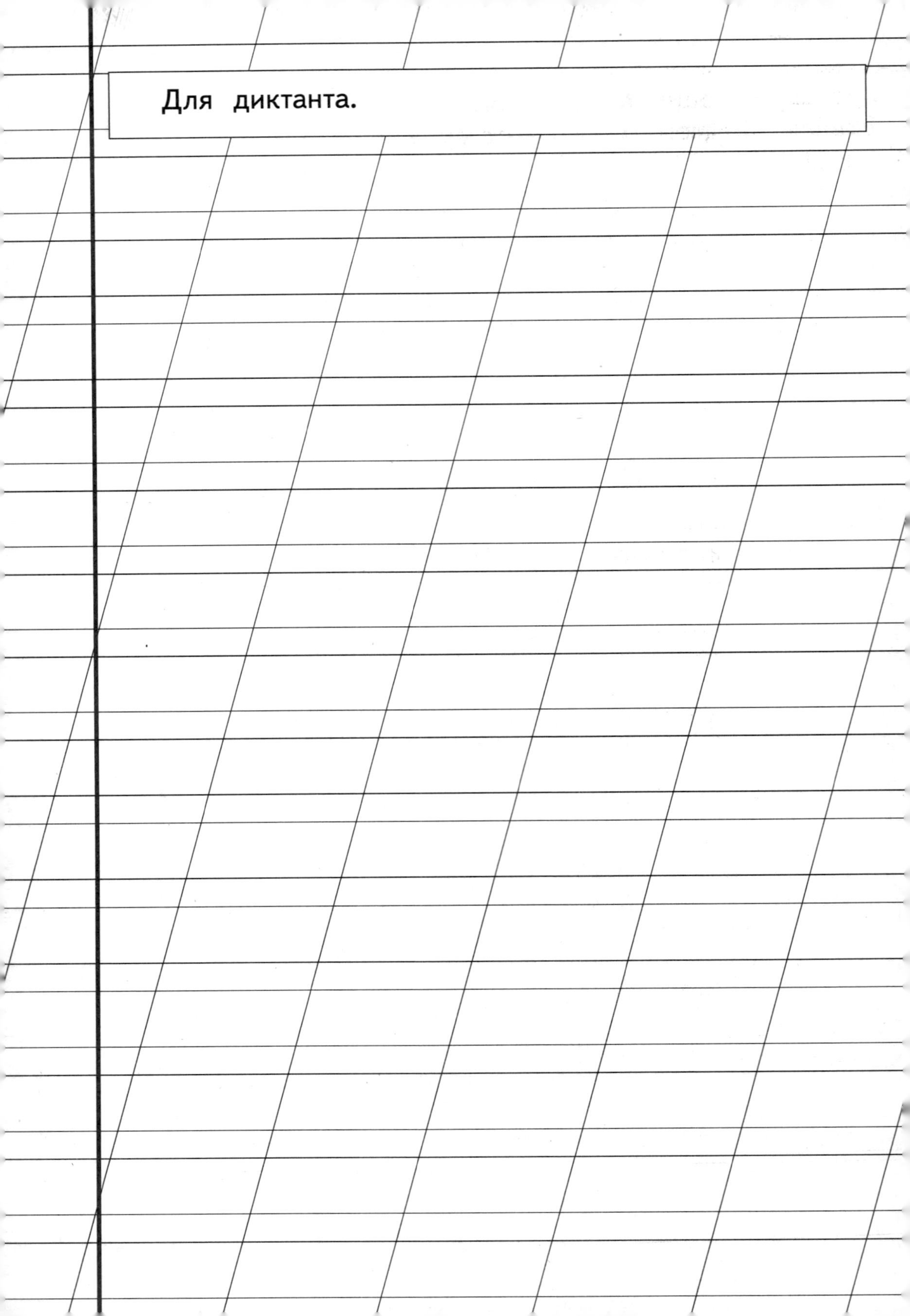

Для диктанта.